CONSEJOS PRACTICOS PARA UNA EXITOSA ENTREVISTA DE TRABAJO

CONSEJOS PRACTICOS PARA UNA EXITOSA ENTREVISTA DE TRABAJO

"Lo que los empleadores no te dicen"

"Haciendo el trabajo de nadie,
Nadie casi me gana"

Octavia Sotelo

iUniverse, Inc.
New York   Bloomington

CONSEJOS PRACTICOS PARA UNA EXITOSA ENTREVISTA DE TRABAJO
"Lo que los empleadores no te dicen"

iUniverse books may be ordered through booksellers or by contacting:

iUniverse
1663 Liberty Drive
Bloomington, IN 47403
www.iuniverse.com
1-800-Authors (1-800-288-4677)

Because of the dynamic nature of the Internet, any Web addresses or links contained in this book may have changed since publication and may no longer be valid.

ISBN: 978-1-4502-4831-0 (sc)
ISBN: 978-1-4502-4832-7 (ebk)

Printed in the United States of America

iUniverse rev. date: 9/1/2010

"Dedico este libro a una mujer que a pesar de no haber aprendido a leer o a escribir, puso en mí la semilla de los sueños y el coraje para cumplir mis retos".

Para mi madre, Demetria Juárez
Con todo mi amor y respeto.

PROLOGO

Leer a Octavia Sotelo, es como una inyección de dinamismo. Sus consejos para tener éxito en una entrevista de trabajo, definitivamente son dignos de tomarse en cuenta porque vienen de alguien a quien la experiencia le da autoridad para darlos. Habiendo luchado "desde abajo", hoy forma parte de quienes toman decisiones al contratar personal en el ramo restaurantero en el que ella se mueve.

Al escribir, Octavia se dirige honestamente al lector, con el único fin de transmitirle valiosa información que hará la diferencia entre obtener o no ese empleo tan deseado. En un lenguaje fresco, sencillo, sin poses, y enfocada directamente en la trascendencia de una entrevista laboral, Octavia aborda punto por punto, todos los factores que los directores de Recursos Humanos buscaran en los candidatos a las diferentes posiciones de sus empresas.

Así, ella contribuye a llenar ese vacío que queda en los aspirantes al ser rechazados y nunca saber el "por que" se les negó la oportunidad de empleo. En cada pagina de "Consejos Prácticos Para una Entrevista de Trabajo", habrá respuestas para cada pregunta, y cada necesidad, que satisfaga los requisitos para que una persona tenga éxito al solicitar una posición dentro de una compañía.

La experiencia de leer un segundo libro de Octavia Sotelo, (Previamente compartí TABITA…La Historia de una Taza de Café), fue refrescante, motivadora, instructiva, y a la vez inspiracional por la pasión con que da sus recomendaciones y la honestidad con la que revela lo que muchos entrevistadores jamás le dirán a quienes solicitan un trabajo en su empresa.

Por: Maria Teresa Sarabia

Contenido

INTRODUCCION

▼

¡Hola! Mi nombre es Octavia Sotelo y me siento muy halagada de compartir contigo toda esta información. Tal vez algunos la considerarán muy simple. Tan simple que la podríamos olvidar. Pero hay que recordar que a veces las cosas más simples a veces son las más importantes y son las que nos abren paso a las grandes oportunidades. De ahí es también donde se originan grandes frases como por ejemplo:

"LA PRIMERA IMPRESIÓN ES LA QUE CUENTA"

"DESPUES DE LA PRIMERA IMPRESIÓN, NUNCA HAY UNA SEGUNDA OPORTUNIDAD"

"ASI COMO TE VEN, TE TRATAN"……

…A lo largo de mi experiencia puedo decir que esas frases son muy ciertas, sobre todo cuando he sido testigo de la manera en cómo se selecciona a los entrevistados para un puesto determinado. Independientemente del cargo que soliciten, los aspirantes de empleo tienen que reunir ciertas cualidades. Cualidades que algunos desconocen porque creen que con sólo ser aptos en lo que saben es suficiente para que se le abran las puertas. Sin embargo, no es así. Ya que si esto fuera cierto, tal vez la mayoría de los aspirantes fueran aceptados. Y yo no me vería a mí misma preguntando a los administradores, jefes de personal o dueños de negocio: "Oye ¿por qué no lo contrataste si se veía bien y tenía buena presentación?". Encontrándome con respuestas como: "En la entrevista le pregunté: ¿por qué te saliste de tu trabajo anterior? y me contestó que porque el supervisor lo presionaba mucho, porque exigía que vendiera cierto número de membresías por semana y eso le pareció demasiado."

La persona a la que le pregunté me miró fijamente y con voz firme me contestó: "el solicitante está huyendo de su trabajo anterior porque se siente presionado por tener que vender. Yo lo que necesito aquí es un vendedor, que este motivado y que trabajemos sobre las mismas metas. ¿Crees tú que yo lo voy a contratar? Ja, ja, ja. No, ¿verdad?."

Esto me lleva a reflexionar del porque las personas no se preparan para la entrevista, es decir, ¿que no hay alguien que los aconseje sobre que decir en una entrevista de trabajo? Si continúan dando respuestas como las del ejemplo, nunca van a conseguir el trabajo que desean.

Lo más grave es que nadie les va a decir PORQUE no los aceptaron.

…Otro ejemplo y con este ejemplo otra pregunta: "¿Y por qué no la contrataste?" Respuesta: "¿Ya viste cómo se presentó para pedir trabajo?, por lo menos se hubiera peinado. Mira nada más…parece que se acaba de levantar…no se quito ni siquiera las lagañas. Dice que corta el cabello muy bien y que se acaba de graduar de la academia de belleza, pero no lo parece. Ja, ja, ja… Yo aquí vendo imagen y no es esa imagen la que quiero para mi negocio. ¿Creés que yo la voy a contratar?". Me quede en silencio y desde mi interior nuevamente surgió la misma pregunta: "Si no la ibas a contratar al menos le hubieras dicho porque, y de esa manera ella ya no cometería el mismo error".

Otro ejemplo y con este ejemplo otra pregunta: "¿Y por qué no lo contrataste?". Respuesta: "La hora de la entrevista era a las 2:00pm. ¿Viste a qué hora llegó?, ¿No verdad? Te lo voy a decir, llegó 15 minutos tarde, y eso no habla muy bien de las personas ó ¿tú qué piensas…?" Volví a guardar silencio, y apretando los labios no tuve más remedio que asentir con la cabeza que tenía razón. Pero sin dejar de escuchar esa vocecita en mi interior que me decía: "le habrá dicho por qué no le dio el trabajo?".

…Otro ejemplo y con este ejemplo otra pregunta: "¿Y por qué no lo contrataste?". Respuesta: "¡Era perfecto para el puesto de trabajo! Pero… ¿a dónde quieres que le llame si no puso su número de teléfono?". Y mirándome a los ojos y extendiendo las manos como diciendo: No es mi culpa. Al fin exclamó: ahhhh!!!!!". Y sí, ella tenía razón, qué podía yo decir si eso era de lo más tonto.

…Otro ejemplo y con este ejemplo otra pregunta: "¿Y por qué no lo contrataste?". Respuesta: "¿Por qué? ¿y todavía me preguntas por qué?, sólo escribió su nombre y dirección en la solicitud y que trabajó en Mosaicos La Serena, pero no dice:

1.- ¿Por cuánto tiempo trabajo?
2.- ¿Qué puesto desempeñó?
3.- ¿Cuáles eran sus funciones?
4.- No tiene un número de teléfono para referencias.
5.- No sé si tiene algún tipo de entrenamiento especial.
6.- No anotó tampoco cuantos años de educación tuvo.
Con esto concluyo que no sabía ni siquiera llenar una solicitud de trabajo". Y mirándome nuevamente volvió a decir: "Si le estoy asignando el trabajo de llenar una solicitud de trabajo y esta persona no la llena en su totalidad, quiere decir que si le doy el trabajo y le asigno un proyecto a terminar, lo más probable es que me lo deje a medias y no lo termine tampoco. Y no es eso lo que yo necesito… ¿verdad?".

…Y si, nuevamente todos ellos tenían razón y no me quedaba más que aceptarlo y eso era "aceptar que los solicitantes no estaban preparados para una entrevistar de trabajo al cometer tantos errores". Sin embargo, mi vocecita interior que era cada día más terca decidió revelarse ante mí y me obligo a hablar y preguntar por ella:

"¿Por qué no les dicen del por qué no les dan el trabajo?"

Y todos al unísono respondieron lo mismo:

"Porque ese no es mi trabajo"

...Quedé en silencio y pensé "NADIE quiere hacer este trabajo. NADIE nos está ganando y no se lo voy a permitir porque yo voy a ser desde hoy la competencia de NADIE y voy a hacer el trabajo que NADIE esta haciendo. Y ese trabajo es compartir con todos ustedes algunas experiencias que me han enseñado a salir adelante y lograr lo que uno quiere.

...Para ustedes con todo mi afecto.

OCTAVIA SOTELO

Atrévete A Soñar

▼

Dios nos hizo grandes, fuertes y luchadores. Tal vez te preguntes "¡Ah caray! y ¿cómo es eso?". A lo que me refiero no es la grandeza o fuerza física sino a la grandeza de nuestra mente. La mente de la cual puedes ser esclavo de tus miedos ó amo de tus sueños.

Pensamientos negativos como: "Tengo hambre"," Me siento mal", "Estoy gorda", "Soy fea", "Siempre me discriminan" "Soy pobre, ni modo, esto me toco", "Nadie me quiere", "Estoy llena de granos", "Me dicen cuatro ojos", "¡Ya lo sé, soy una tonta!", "Nunca lo voy a lograr", "Eso no es para mí", "Eso es volar muy alto", "Vive tu realidad y no sigas Soñando", étc.

¿Cómo sonó todo esto? Trágico ¿verdad? pues bien todo lo anterior nos lleva a dos cosas: al conformismo y a la infelicidad, también hay una tercera que es la que realmente me gusta. ¿Quieres saber cual es?, la respuesta es muy sencilla: "Trabajar en contra de todos esos pensamientos negativos". Esa es la respuesta. Tal vez te estés preguntando ¿y cómo es que voy a hacer eso?,

¿Cómo es que voy a trabajar en contra de todos esos pensamientos negativos? Bueno, aquí esta la respuesta y esa es: Ser Como En Realidad Quieres Ser y Tener Lo Que En Realidad Quieres Tener. Tal vez pensarás ¡eso suena fácil decirlo!, ¿pero cómo es que voy a lograr eso? Bueno, nuevamente te tengo buenas noticias, porque es Hoy, Aquí, y Ahora donde empiezan nuestros retos, donde el primero de ellos es: Soñar.

Párate frente a un espejo y mírate fijamente. Observa tu cabello, tus ojos, tu piel, tu boca, tu figura, tus manos, incluso tu ropa y pregúntate a ti mismo: ¿Me gusta lo que veo? y si en alguna parte de ti, tu respuesta es NO. Entonces comienza a visualizar la manera en que te gustaría ser.

Si eres mujer ¿Te gustaría tener el cabello rubio en lugar de negro?, ¿o mejor rojo? Qué pasa ¿estás indeciso? Quieres cambiar, pero no sabes cómo, tal vez esto te pueda ayudar.

Busca revistas de moda. Esto no va a ser difícil ya que hay gran variedad para escoger. Revísalas y ve si en sus páginas puedes encontrar el tono de cabello que te agrada, si ya encontraste algo te felicito. Ya que puedo estar segura que hiciste una buena elección. Ahora recorta la página del color de cabello que te gustó. ¿Ya lo hiciste? ahora guárdala dentro de un fólder, tal vez necesites un nuevo corte de pelo. ¿Ya sabes como lo quieres?, ¿Todavía no? No te preocupes. Vuelve a hojear las revistas y cuando encuentres algo que te guste de acuerdo al largo de tu cabello lo recortas y lo guardas también dentro del fólder, y así sucesivamente, también puedes escoger un estilo de ropa. No la que ya tienes, sino la que te gustaría tener. ¿Te sientes gorda? no hay problema porque siempre hay tiempo de hacer algo y tal vez en sus páginas encontrarás una rutina para bajar de peso. Recórtala y pégala detrás de tu puerta.

¿Qué más quieres? ¿Quieres una casa? ¿Cómo la quieres de 2 ó 3 recámaras, dos baños, un cuarto de televisión, una sala amplia, un comedor grande, una cocina bien equipada para agasajar a la familia con deliciosos platillos?

¿Quieres un coche? ¿Qué marca? ¿Qué modelo? ¿Tal vez de dos puertas o no, mejor de 4 para que entre toda la familia? ¿Qué color te gustaría? ¿Te gustaría rojo, negro o no tal vez color bronce? Si color bronce se vería bonito.

¿Quieres pasear? ¿Adonde te gustaría ir? Tal vez a Estados Unidos, México, El Salvador, China, Egipto, Francia, Inglaterra, o a la India. ¡Tú dime! porque el mundo "ES TUYO".

¿Ya tienes todos tus recortes? ¡Bien hecho! Lo has hecho muy bien. Te felicito porque hoy has dado un gran paso para sacar todo lo bueno que quieres para ti mismo. Porque te quieres y porque te lo mereces. Ahora lo que tienes que hacer es pegar todos esos recortes en un lugar visible donde tú los puedas ver todo el tiempo para acordarte de que: "ESO ES LO QUE YO QUIERO PARA MI".

Reto número dos: Ya soñaste, ya te visualizaste, bueno ahora es tiempo de hacer un mapa. Un mapa de cómo es que vamos a alcanzar todos esos sueños, ese reto va ser "trabajar en ellos". Si, trabajar en ellos ¿ó que estabas pensando que con tan sólo ver los recortes tus sueños se iban a cumplir como por arte de magia? Claro que no. Eso no es así. No es como rezar y esperar que todo nos caiga del cielo. Esto me recuerda una parábola de tantas que llegan a nuestros oídos que dice:

"Érase una vez un hombre que se encontraba en desgracia y muy afligido y con hambre caminaba cabizbajo por la calle hasta que una voz le hizo levantar la cabeza, "¡Hermano! No te aflijas más. Ten fe en Dios que Dios proveerá". Todo fue tan rápido que cuando volteó ya no vio a nadie, pero esas palabras se quedaron grabadas dentro de él. Y sin preocuparse más por su estómago vacío que gruñía más que cien leones juntos, se sentó al pie de un árbol a orar a Dios diciendo "Dios tú eres grande y todo poderoso; eres un Dios de amor y yo sé que no me vas a dejar abandonado y tú vas a aliviar el hambre que siento. Amén". Aún no terminaba su rezo cuando un niño se le acerco con una manzana y le dijo: "Ten esta manzana esta fresca y aliviará tu hambre". A lo cual el hombre respondió: "No, gracias. Dios proveerá alivio para mi hambre". Y el niño sin poder entender guardó su manzana y se fue. Al siguiente día paso un vendedor de pan y viendo el semblante pálido de aquel hombre le dijo: "Acepta este pedazo de pan para que te alivies el hambre". A lo cual el hombre respondió: "No, gracias, Dios proveerá alivio para mi hambre". Ante esto, el vendedor continúo su camino y casi al anochecer de ese mismo día, pasó una señora junto al árbol y viendo aquel hombre ya casi moribundo le dijo: "Ten toma este vaso de leche, que te caerá bien al estómago". Y el hombre respondió nuevamente: "No, gracias, Dios proveerá alivio para mi hambre". Y la señora ante esta respuesta no tuvo más remedio que retirarse. Dos horas después ese hombre murió. Al llegar con Dios en el paraíso muy molesto le preguntó: "Dios ¿por qué me dejaste morir si yo tenía fe en ti en que aliviarías mi hambre? y Dios le respondió: "¿Acaso no te mande un niño con una manzana? ¿acaso no te mandé un pedazo de pan? ¡Hasta un vaso de leche te mande y no lo quisiste! Oh pobre hijo mío, tienes ojos y no ves, tienes oídos y no escuchas".

Esto me recuerda un dicho que dice:

"AYUDATE QUE YO TE AYUDARE"

En pocas palabras, depende de ustedes que sus metas se hagan realidad y las armas para encontrar ese trabajo vienen a continuación.

VENCIENDO
EL SEGUNDO RETO

▼

La imagen y tus cinco minutos

Ahora ¿que es la imagen? Imagen es la percepción visual y auditiva que los demás tienen de nosotros, que abarca desde la manera en que vestimos, nos peinamos, nos maquillamos hasta los zapatos que nos ponemos. ¿Qué quiere decir esto? Es muy simple. Has escuchado el dicho que dice: "Como te ven te tratan". Pues bien esto es cierto.

Los dueños de las empresas invierten grandes cantidades de dinero no tan sólo en el mobiliario y en la maquinaria sino también en la creación de una imagen para su empresa la cual le permita ser reconocida y marcar así una diferencia entre todas las demás. Por lo que de igual manera, ellos seleccionan a sus empleados con las mismas características ya porque van a ser los embajadores que darán credibilidad a su negocio.

Ahora, yo te hago una pregunta ¿Crees que la imagen es solamente la parte externa de la persona? (Sí) (No).

Si respondiste (Sí), déjame decirte que estas equivocado. La imagen personal no es solamente el atuendo que llevas puesto, sino también la manera en que hablas, el tono que usas, la forma en que caminas, la postura que llevas, tu sonrisa, tu higiene, la cortesía, la mirada, etc…... Tu atuendo combinado con todo lo anterior es lo que te hará probar la dulzura del éxito, o te hará probar la hiel del fracaso.

¿Cuánto tiempo tengo para convencerlos de que soy yo, la persona que ellos necesitan?

Tal vez esto no te haga muy feliz escucharlo, porque solamente tienes Cinco Minutos, y sin en esos cinco minutos no logras convencerlos de que tú eres la persona indicada para el puesto ¿Sabes que va a pasar? Como dijera por ahí Niurka Marcos "¡I'm sorry for you!"

Pero no te preocupes que eso no te va a pasar a ti. Ya que aquí te voy a compartir unos pequeños secretitos.

Mujeres

- Blusa blanca, azul claro, rosa o amarilla.

- Falda negra, café o azul oscuro.

- Medias claras preferentemente del color de tu piel.

- Zapatilla cerrada preferentemente negra.

- Blazer o saco del color de la falda.

- Cabello bien peinado. (Dije: peinado, no peinado alto o muy elaborado). Una cola de cabello bien peinada es suficiente. Algo que deje tu rostro al descubierto que inspire confianza y transparencia.

- Uñas bien manicuradas no muy largas y con esmalte claro. (No rojo, naranja, amarillo o rosa fosforescente).

- Báñate, usa desodorante y ponte un perfume suave, recuerda que tu meta es sacarle el mayor provecho posible a tus cinco minutos, y no ahuyentar a quien te esta entrevistando porque tu perfume es muy fuerte y lo único que el desea es que te vayas para volver a respirar otra vez.

- Tu higiene bucal es muy importante también; lávate bien los dientes y tómate una menta antes para que tengas el aliento fresco.

- Tu maquillaje tiene que ser suave, eso sí. Siempre resaltando tus ojos, ya que tu propósito es crear un contacto visual de atención mutuo. Aunque esto no quiere decir sobrecargado de maquillaje.

- ¡Ah! y casi me olvido. No uses rojo en la boca; el rojo es muy bonito, pero muy delicado y en cualquier tallon o apretón de labios debido a los nervios te mancharías y corres el peligro de parecer payaso mal pintado y sin haberte dado cuenta ¡Y eso sí que es un oso! Ah caray y eso sin contar que también se te puede correr en dientes y parecer sangre, y ¿eso no es lo que queremos verdad?

Hombres:
- Camisa de vestir blanca, azul rey, amarilla, o café.

- Pantalón de vestir negro, café o azul oscuro

- Zapatos negros y de vestir.

- Calcetines negros (¡Nunca, nunca, nunca te pongas calcetines blancos o calcetas deportivas con un pantalón de vestir oscuro! ¡Por favor no lo hagas, no lo hagas y no lo hagas!!. El por qué es muy sencillo, porque si ustedes piensan que nadie los va a ver ¿Qué creen? Que si, si, y si, y ¿saben cuándo? Cuando se sientan y doblan la pierna dejan al descubierto su mal gusto).

- Zapatos limpios. (Por favor lustra tus zapatos antes de una entrevista de trabajo o por lo menos límpialos y no olvides seguirlos manteniendo limpios aún después de que te hayan dado el trabajo).

- Lleva un saco del color del pantalón.

- Usa corbata, te hará lucir mas profesional. (Por favor no uses corbatas muy anticuadas o demasiado anchas).

- Hazte un buen corte de pelo (Sin entrar en las exageraciones ya que no vas a querer parecer pelón de barrio o Hippie a go-go).

- Uñas bien cortadas y limpias.

- Báñate, usa desodorante y ponte una loción suave.

- Lávate los dientes y échate una menta para refrescar tu aliento. Algunas veces el estrés, la tensión y los nervios nos producen mal aliento. Por eso es mejor prevenirse. Me gustaría decirte que te masticaras un chicle, sino fuera porque también EL MASTICAR CHICLE durante una entrevista de trabajo NO ES UNA BUENA IMPRESIÓN. Ahora que si lo masticas y lo tiras antes de entrar a tu entrevista creo que sería maravilloso.

EL CARISMA

———————— ▼ ————————

EL CARISMA ES UN REGALO DE DIOS que se te da al momento de nacer. Con este don puedes atraer y caer bien a las personas, así como también llamar la atención fácilmente. Un ejemplo de esto son los grandes líderes empresariales, políticos o religiosos. Que además de demostrar su capacidad intelectual tienen el don de atraer a las grandes masas. ¿Grandes masas? ¿Líderes? , ¿De que me estas hablando? Si yo lo único que quiero es un trabajo. Además, ¿Que pasa si no nací con ese don? No te preocupes ya que EL CARISMA TAMBIEN SE PUEDE DESARROLLAR, y ahora es que te voy a decir como:

1.- APRENDE A SONREIR: Cuantos de nosotros alguna vez no hemos volteado a mirar a alguien que nos ha estado observando y le ponemos mala cara o pensamos: "Bueno esta que tanto me ve". Y en lugar de sonreír ¿Qué es lo que hacemos? Le volteamos la cara, o los vemos feo, o torcemos la boca. Todo menos sonreír.

La sonrisa inspira confianza para entablar un diálogo. Por ejemplo, si voy a un supermercado y pregunto:

"¿Esta el Jefe de Recursos Humanos?". (No sonrisa)
"No, no esta". (No sonrisa)
"¿A qué hora lo puedo encontrar?
"No se, no tiene hora".

*Mismo ejemplo, pero con sonrisa:

"¿Esta el Jefe de Recursos Humanos?". (Con una gran sonrisa)
"Mira, por el momento no se encuentra en la oficina" (Devuelve la sonrisa)
"¿A qué hora lo puedo encontrar? (continua preguntando animadamente)
"Ya no ha de tardar, ¿Lo quieres esperar?".

- Ya lo notaste, parte del terreno ya lo tienes ganado ¡BRAVO! y todo con una ¡SONRISA! Una sonrisa que abrió el dialogo entre tú y la persona que ya esta trabajando dentro del supermercado y con la cual podrías platicar más, e investigar con ella los requisitos exactos para ese puesto que quieres. De modo que cuando el Jefe de Personal llegue tú ya sabes más de cómo esta la situación. Ahora si no sabes sonreír, o te es muy difícil, párate frente a un espejo y practica, podrías empezar por enseñar los dientes y así sucesivamente hasta que sientas que es natural en ti.

2.- EL CONTACTO VISUAL: El contacto visual es muy importante dentro de una entrevista de trabajo ya que con esto estamos mostrando confianza y respeto. Por ejemplo: Que pasaría si tú estuvieras platicando con alguien, y este alguien estuviera mirando para otro lado. ¿Te sentirías cómodo?, no verdad. Te sentirías ignorado. Aquí esta otro ejemplo: Que pasaría, si sabes que tu hija salio de la escuela a las 2:00pm, y va llegando a las 4:00pm, y le preguntas ¿a qué hora saliste de la escuela?, y ella antes de contestar baja la mirada o pretende mirar para otro lado. ¿Te sentirías cómodo? , no verdad. Sentirías que te esta mintiendo o que hay algo que te esta ocultando. Lo mismo pasa cuando estamos ya en la entrevista de trabajo, ya que si nos empiezan a preguntar y no sabemos que decir y empezamos a mirar para todos lados van a pensar lo mismo. Que estamos mintiendo, que no somos confiables, o que ocultamos algo. Pero no te preocupes que eso no te va a pasar, lo único que tienes que hacer es lo siguiente: MIRAR DIRECTAMENTE A LOS OJOS. Suena fácil, ¡Ah! pero eso si acompañado de una sonrisa y para que no te sientas incómodo o la otra persona se sienta intimidada puedes fijar la vista primero en un ojo y luego descansarla al mover la vista directamente al otro ojo.

3.- LA MANERA DE SALUDAR: Esta parte como me gusta ¿sabes por qué? porque al saludar dejamos ver gran parte de nuestra personalidad por ejemplo, ¿quién de nosotros no ha saludado a alguien que apenas saluda con la punta de la mano? ¿qué es lo primero que piensas?

Acaso no piensas que le teme a algo, o una de dos o teme enfermarse y tiene miedo de que se le pegue algún virus, o tiene algo y no quiere contagiar a los demás. ¿Quién no ha saludado a alguien a quien le suda la mano? ¡Asqueroso verdad! ya que casi estas esperando que se de la vuelta para limpiarte o lavarte las manos lo más pronto posible.

¿Quién no ha saludado a alguien a quien casi le tritura la mano? Terrible verdad, y lo que menos quieres es volverlo a ver, ya que si en esa ocasión no te rompió los dedos tal vez a la siguiente lo haga ¡Cuidado!

¿Quién no ha saludado a alguien que sin que tú lo conozcas llega y te planta un beso en la mejilla?, Que vergonzoso ¿o no?, lo primero que piensas es, ¿Y éste de dónde salió? ¿Quién se cree?

¿Quién no ha saludado a alguien que le sostiene la mano fuertemente por largo tiempo y no te suelta? Esto es muy vergonzoso también ya que casi te estas jaloneando para que te suelte y parece no entender.

Solución: Un saludo debe ser FIRME, SECO, CON PRESION MODERADA MIENTRAS SONRIES Y SIEMPRE MANTENIENDO CONTACTO VISUAL.

4.- LENGUAJE CORPORAL: Es todo aquello que comunicamos con nuestro cuerpo. ¿Qué? ¿Cómo?

¿Acaso nuestro cuerpo también habla? Sí, si y si. Lenguaje corporal es todo aquello que dices "Sin tener que hablar", Que con tan sólo verte como te paras, como mueves tus manos, hacia donde ves o de la manera en que te sientes. Todo eso es lenguaje corporal.

¿Quién no ha visto a alguien que cuando habla siempre tiene las manos en las bolsas?

¿Quién no ha platicado con alguien que cuando esta hablando esta mirando para otro lado?

¿Quién no ha estado con alguien en una reunión donde de repente empieza a bostezar, a cruzar la pierna de un lado a otro, a moverse en la silla como si algo le picara? Yo creo que todos alguna vez hemos estado con alguien así. Pero, ¿Qué es realmente lo que transmiten? Con estas acciones ellos pueden transmitir: Aburrimiento, nerviosismo, impaciencia, o inseguridad. No suena bien, ¡Verdad! Ahora tal vez te estés preguntando, ¿Cuál es la mejor manera de emitir un lenguaje corporal positivo en una entrevista de trabajo?

- Párate frente a un espejo y práctica diferentes emociones que te gustaría transmitir mientras estas hablando ya sean muecas de tristeza, de alegría, de preocupación, o de entusiasmo.

- Practica frente al espejo el movimiento de tus manos mientras hablas (Eso si, moderadamente ya que de lo contrario va a parecer que estas espantando moscas)

- Aprende a sentarte tranquilo y relajado.

- Párate derecho y firme.

- Intercala sonrisas (Recuerda INTERCALAR, no mantener la sonrisa por horas ya que esta parecería fingida y lejos de transmitir confianza y entusiasmo, transmitiría nerviosismo y falsedad ¡Cuidado!).

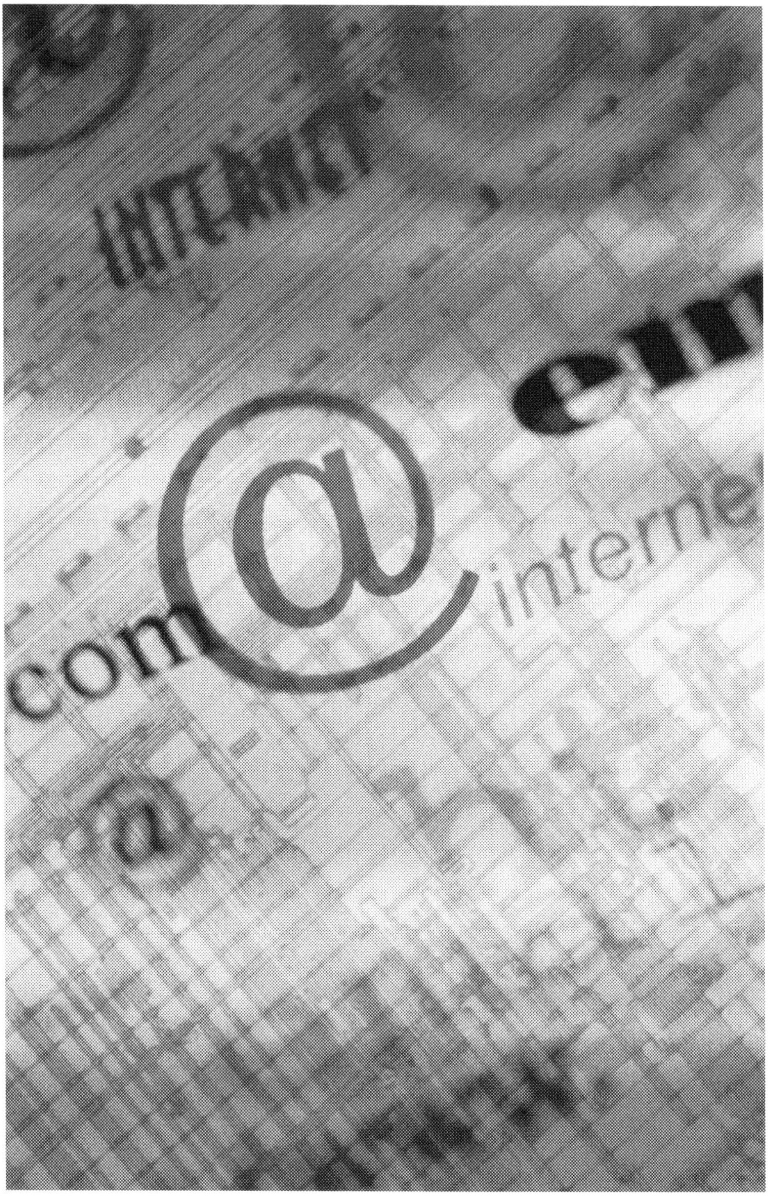
com@interne

COMO ESTABLECER
UNA RED DE CONTACTOS

▼

La verdad no se cual de todos los puntos que hemos tratado anteriormente me ha gustado más ya que todos ellos me parecen súper importantes, pero este llama aún más mi atención. ¿Quieres saber por que? Pues bien, nosotros estamos viviendo en un sistema socialmente activo, dentro del cual los contactos, ó sea la gente a la cual nosotros conocemos juegan un rol importantísimo ya que tu nunca sabes quien de ellos te pudiese ayudar a promover, invitar, sugerir, canalizar o recomendar ya sea un nuevo negocio, un nuevo contacto que sea afín a tus intereses, o hasta un nuevo trabajo o a escalar una mejor posición de trabajo. Pero ¿cómo logramos esto?

Lo primero es enseñarnos a perder el miedo al acercarnos a entablar conversación con otras personas. ¡Sí! dije miedo ¿por qué miedo? Miedo porque no sabemos cómo, o porque tenemos miedo al rechazo.

Desde pequeños nosotros les inculcamos a nuestros niños "No hablar con extraños" y me da mucho gusto de que los niños sean obedientes y no lo hagan ya que eso los pone a salvo de muchos peligros. Pero que pasa cuando esos niños crecen y a nosotros como padres se nos olvida revertir la orden que les dimos cuando niños y esa nueva orden es "Hablar con extraños" y perder el miedo a acercarnos a aquellos que no conocemos.

El mundo ha cambiado, el sistema ha cambiado, las ideas han cambiado, por lo tanto nosotros debemos cambiar y debemos ayudar a cambiar a otros. ¿Qué? ¿de qué estoy hablando? Estoy hablando de que es muy triste encontrarse personas en pleno siglo XXI, donde el machismo exista, donde existan mujeres maltratadas y a veces no sólo mujeres sino hombres también aunque sea en menor escala. Es triste ver que la gente no sabe pedir un trabajo, no sabe donde acudir para preguntar. Pero eso sí, viven lamentándose dentro de sus casas, sin hablar con nadie, sin conocer a nadie. Tal vez porque su papá o mamá les dijeron un día que no era bueno tener amigos, que las amigas solo sirven para sonsacarlas y llevarlas por el mal camino o tal vez que no debían hablarle al sexo opuesto porque no era bien visto. O simplemente porque las mujeres sirven solo para la casa y el marido o el hombre es el que tiene que trabajar.¡¡¡HELLO!!! Es hora de despertar. Porque así como esta la economía NO nos podemos quedar sentados viendo como las oportunidades pasan frente a nosotros y no hacemos nada.¿Qué es lo que debemos hacer? Bueno aquí esta un buen comienzo.

- Empieza por ti: Has una lista de todas las personas que conoces.

- Divídelas: Si, divídelas entre familiares, amigos, conocidos, dueños de negocio, compañeros de colegio, la iglesia a la que asistes, personas con las que compartes algún deporte, etc.

- Trágate tu orgullo y déjales saber lo que estas buscando ya sea trabajo, o nuevas alternativas ya sea personales o para tu negocio.

- Sé honesto con ellos (respecto a lo que estás buscando). Ellos lo apreciaran.

- Se un buen oyente (No sólo quieras abarcar y escuchar lo que a te interesa), de lo contrario la persona podría pensar que sólo la esta usando.

- Mantente en comunicación con ellos (Puede ser un e-mail, una postal, o algún comentario afín a sus intereses, eso fortalece la relación).

- Datos que debe contener una lista de contactos son: Nombre, dirección, teléfono personal, E-mail (correo electrónico), nombre y teléfono de la compañía donde trabaja, y cual es tu relación con esta persona.

Maria Pérez N.
Tel. 7-64-91-00
E-mail MariaP@Yahoo.com

Calle: Ciénega No. 18
Compañía: La Popular (1800 352-00-00)
Relación:
Cliente
Familiar
Amigo
Vecino
Compañero de trabajo Etc. etc.…

Nota: NO esperes a NO tener trabajo para comenzar a hacer tu lista de contactos y "Empieza YA". Además contamos con redes sociales que te ayudan a estar en contacto con diferentes personas alrededor del mundo, Pero ten cuidado y piensa primero QUE, es lo que quieres y COMO es que te puede ayudar el entrar a este tipo de redes sociales. Porque no hay mañana, lo único que debes de ver es Hoy y es "YA".

LA PREGUNTA ATERRADORA
¿TIENES EXPERIENCIA?

▼

Esto me hace recordar cuando hace veinticinco años iba yo a pedir trabajo llena de ilusiones y pensando que por estar recién egresada de la escuela todo sería más fácil. Pero cual sería mi sorpresa cuando algunas veces, inclusive antes de darme la solicitud de empleo me preguntaban "¿Tienes experiencia?" A lo cual yo -vuelvo a repetir- válgase la redundancia, -recién egresada de la escuela- respondía "NO". Y si quieren saber el final de la historia aquí esta: "Señorita lo sentimos mucho, pero necesitamos a alguien que por lo menos tenga dos años de experiencia". Y como dijeran por ahí.¡¡NEXT!! qué en el divino español significa "que pase el siguiente".

A cuántos de ustedes no les ha pasado algo semejante, o veámoslo más de cerca, ¿qué tanto de esto te ha pasado a ti? Se siente horrible ¿verdad? sobre todo cuando luchas como mono sin mecate y te preguntas ¿cómo quieren que tenga experiencia si NO me dan la oportunidad? Y esta es una pregunta muy válida y con mucho sentido pero ¿qué podemos hacer al respecto?

- Determina que es lo que te gusta: En el transcurso que estas estudiando trata de identificar tus CUALIDADES. Por ejemplo: si eres bueno para los números, si tienes buena letra, si tienes facilidad para los idiomas, si te gusta tratar con la gente, si te gusta vestir bien, si eres ordenado, si eres bueno para buscar información, si te gusta salir a la calle, o incluso si te gusta hablar por teléfono, si eres alegre, si te gusta sonreír, si te gusta viajar etc. Si te das cuenta ninguna de estas preguntas o muy pocas tienen que ver con Algebra, Geometría, Ciencias Sociales, Historia, ó Educación Física. PERO SI tiene que ver con EL MUNDO REAL. ¿Qué quiere decir? Es muy sencillo, en la escuela nosotros aprendemos las bases generales de conocimiento o sea un poco de todo, pero nos toca a nosotros identificar qué es lo que más nos gusta hacer. Afuera, el sistema ya esta creado, las empresas ya están establecidas y plenamente identificadas, y nosotros tenemos que integrarnos a ellas. ¡Ah caray, esto suena raro otra vez!, ¿Cómo esta eso de que nos toca integrarnos? Bueno, cada empresa o negocio por mas grande o pequeño que sea es diferente uno de otro por eso es que hay gran diversidad de productos y servicios dentro de los cuales hay quienes hacen refrescos, compañías que se encargan de ventas por teléfono, vendedores directos que venden toda clase de productos desde carros, casas, enciclopedias, ventas por catálogo, mecánicos, recepcionistas, meseros, bibliotecarios, cajeros, agentes viajeros etc. Es innumerable la cantidad de empresas que hay, sin contar las que hacen negocios en el internet (online). Lo más importante es que ellas están buscando a alguien que llene sus requisitos o mas bien dicho, alguien que llene el perfil que necesitan y que muchas veces no tiene nada que ver por ejemplo con química. Si no tal vez el que más don de gente tenga. Que tenga carisma, que sonría, que le guste viajar, o tal vez a alguien que le guste trabajar en la tranquilidad de un escritorio haciendo trabajo de archivo. Así puedo nombrar muchos ejemplos, pero mi punto es: busca empresas donde lo que hagan te guste o se apegue a tu personalidad, porque cada empresa es como una casa: diferente y con un producto distinto el cual vas a empezar a conocer y no importa cuán aplicado hayas sido en la escuela ya que eso te va ayudar para complementarte como persona, pero siempre, siempre y siempre vas a tener que aprender un sistema nuevo y por lo tanto un producto nuevo y todo va ha hacer NUEVO. Y tus APTITUDES son las que te abrirán las puertas, y como dicen por ahí, "IDENTIFICATE".

- Toma cursos relacionados con lo que te gusta. Mientras estas estudiando tu escuela regular toma cursos relacionados con lo que más te gusta, eso si, que sean cortos. Hay algunos colegios que ofrecen cursos o clases que duran un día o dos y otros que tal vez duran dos o tres fines de semana. Puedes averiguar cual de estos se apega más a lo que te gusta y tal vez puedas hacer como por ejemplo: clases Reflexología (masajes), cursos de preparación de bebidas alcohólicas, Comunicación, Liderazgo, etc. Pero eso si que te den un diploma o un certificado, algo que compruebe y haga constar que tomaste esas clases ya que eso cuenta para tu currículo y te hace ver mejor y más capacitado a los ojos de los empleadores.

- Busca un mentor. ¿Un mentor? ¿Qué es eso? Un mentor es aquella persona que tu crees que reúne los requisitos necesarios dentro de lo que a ti te gusta para compartir sus conocimientos y experiencias en pocas palabras es UN CONSEJERO. Por ejemplo si estas estudiando para mecánico, pero estas trabajando o buscas trabajo en una dulcería mientras esperas terminar tus estudios y obtener un diploma de mecánico, ¡discúlpame! pero no creo que tu trabajo te vaya a ayudar. Más bien porque no buscas un taller mecánico y ofrecerte como aprendiz, ó en el último de los casos, como ayudante. Probablemente no te paguen al principio pero que esto no te desanime, ya que a la larga vas a ganar más YO TE LO ASEGURO. ¿Por qué? Porque así te vas a dar cuenta si de verdad te gusta esa profesión; vas a aprender el movimiento real desde lo que es tratar con el cliente, precios, formas de trabajar, cuáles son los negocios de distribuidores de partes, tiempo real de servicio. En fin, obtendrás una idea real de cuánto dinero puedes hacer y así de esa manera darte cuenta si esa profesión verdaderamente es redituable para el tipo de vida que quieres llevar y sobre todo te va a servir como REFERENCIA. De modo que cuando termines tu escuela ya vas a tener experiencia y no sabes lo valioso que es esto.

ENSAYA TU ENTREVISTA

▼

Escucha y sigue instrucciones

"A ver Rosita, vas y le dices al señor José el de la tienda de a lado que te de ¼ de aceite, 1 kilo de huevo y un litro de leche. Ahora ¿Me puedes repetir que fue lo que te pedí?".

" ¡Hay Mamá! si ya me dijiste ¿para que quieres que te lo repita?" Responde la niña molesta y poniendo caras.

"Porqué quiero saber si entendiste lo que te pedí", repitió la mamá.

"¡Qué ya sé!", respondió la niña, mientras rápidamente se daba la vuelta para ir por lo que se le había encargado. Al regresar la niña, bota la bolsa en la mesa y se va a jugar como si ya hubiera cumplido con lo que se le había mandado, al poco rato se escucha desde la cocina la voz de la mamá llamándola.

"¿Rosita, Que es esto?". Preguntaba la mama insistentemente mientras inspeccionaba las cosas de la bolsa.

"Te dije que trajeras ¼ de aceite, 1 kilo de huevo y un litro de leche, y que es lo que me encuentro aquí 1 litro de aceite, 1 kilo de huevo y ¼ de leche, y esta leche no va a alcanzar para darte a ti y a tus dos hermanitos", mientras seguía preguntando.

"¿Me puedes decir qué paso? ¿Acaso no dijiste que me habías entendido?". Rosita, por su parte solo agachaba la cabeza sin saber que decir.

¿A cuantos de nosotros se nos hace conocido el diálogo anterior? Lo más probable es que a la mayoría de nosotros se nos haga familiar y aún más que eso. Ya que nos puede remontar a nuestra niñez cuando "CREIAMOS" saberlo todo y ante nuestra pequeña manera de entender el repetir las cosas nos hacia sentir "TONTOS". Es curioso, pero en lo que más temíamos era en lo que nos convertíamos ya que si no estamos dispuestos a seguir instrucciones lo más probable es que el resultado no sea el esperado como en el caso de Rosita. Por eso "EL SABER ESCUCHAR Y SEGUIR INSTRUCCIONES ES LA BASE PARA UN BUEN RESULTADO".

Se vale preguntar

María va retrasada a la reunión de su trabajo donde se va a seleccionar a la persona encargada del departamento de ventas, pero para esto cada uno de los integrantes tiene que presentar un proyecto el cual defina su capacidad y metas para lograr el éxito de tal departamento. Cuando María llega, dos de cinco prospectos ya habían realizado su presentación, por lo que María después de disculparse se sentó y solamente se dispuso a escuchar. Después de dos horas, llegó la hora de la votación y casualmente la mayoría apuntaba hacia el participante no. 1, que curiosamente era una de las propuestas que María no había escuchado pero con la cual la mayoría estaba de acuerdo por lo que ella también y SIN PREGUNTAR, voto a favor. Días después empezaron a solicitar nuevos requisitos para la venta de productos, requisitos que a María no le parecieron muy bien del todo, ya que desde su punto de vista no eran viables. Por lo que decidió ir con su jefe y esclarecerlo. Su jefe la escucho atentamente para después decirle:

"María, todo lo que esta persona esta haciendo es parte de su proyecto el cual tú misma apoyaste, ¿recuerdas?"

"Si, pero es que yo no sabía completamente de lo que se trataba"

"Y PORQUE NO PREGUNTASTE antes de votar por un proyecto del cual no sabías o tenias dudas; tenías que haber PREGUNTADO", SE VALE PREGUNTAR.

No tengas miedo, preguntar es válido, preguntar te va a ahorrar tiempo, preguntar te va a hacer tomar una buena decisión, PREGUNTAR NO TE VA A HACER PARECER TONTO.

"SE SOLICITA"

"HELP WANTED"

Cual sería mi sorpresa cuando al revisar mi celular tenia una llamada perdida. Era Cristian un muchacho que aún continuaba estudiando por lo que necesitaba trabajar a la de "Ya". Su deseo de conseguir trabajo lo llevó en varias direcciones hasta que por fin vió un anuncio que decía "HELP WANTED" (Se solicita personal). El estaba muy emocionado por lo que me pidió ayuda para llenar exitosamente su solicitud de empleo y así tener más oportunidad. Al regresarle la llamada le pregunte:

"Cristian, ¿dónde dices que conseguiste trabajo?".

"Bueno todavía no me lo dan, solo recogí la solicitud, pero quiero que me ayude a llenarla".

"Bueno sí, pero ¿dónde es?"

"Es en Jack's Restaurant", respondió emocionado pero no sé si era mi celular, o era yo quien no entendía bien.

"¿Me lo puedes repetir?, ¿cómo dices que se llama?"

"Si, Sra. Octavia, el lugar se llama Jack's y esta en la ciudad de Whittier".

"¡Que coincidencia! yo, trabaje ahí". Respondí.

"Si, lo sé. Por eso quiero que me ayude".

"Oye que emoción, ¿pero sabes que? se me hace un poco raro que te hayan dado la solicitud porque ahí, para *food servers* solo tienen mujeres y la mayoría ya tienen muchos pero muchos años trabajando y los hombres que he visto son cocineros, *bus boys*, o *dishwashers*. No sé que decirte déjame llamarles para averiguar y yo te hablo". Después de hacer la llamada me entere que efectivamente necesitaban *Food Server* para ambos turnos, pero uno de los requisitos era que fueran mujeres y con varios años de experiencia. Requisito que Cristian no tenía, además como *bus boy* ó *dishwasher* ya estaban completos. Le llame nuevamente:

"¿Cristian?, Si mira ya llame a Jack's, y me dijeron que efectivamente si están ocupando pero no en lo que tú estas buscando". La voz de Cristian se escucho triste y solo alcanzo a decir…

"Pero tenían un anuncio que decía: "HELP WANTED".
A lo que respondí.
"Si, pero preguntaste antes ¿qué clase de posición era?
¿Si se requería experiencia?, ó ¿para que turno era?".
"NO"
"Bueno, como dice el dicho, de los males el menor y esto tómalo como experiencia, ya que ahora sabes algo nuevo y es PREGUNTAR".

- Trata de investigar el horario

- Trata de investigar el sueldo

- Trata de investigar cada cuando pagan (Semanal o Quincenal)

- Trata de investigar cuales serian las funciones a desempeñar.

Pero eso si, hazlo SUTILMENTE,   ya que de esa manera ni tu, ni ellos perderán su tiempo y ambos sabrán las expectaciones de cada uno.

Es hora de Practicar

Busca a un amigo o a un familiar al que le tengas confianza y pídele que te ayude y haz como que ellos son los empleadores, jefe de personal o la persona que te va a contratar o como tu la quieras llamar. Y que tu les vas a ir a pedir el trabajo, pero para esto empieza desde el principio, desde la persona que te va a poner en

contacto con tu empleador que podría ser la secretaria. ¿Estás listo? Pues bien EMPECEMOS:
"¡Hola muy buenos días! (depende de la hora). Mi nombre es María Solano (Tu nombre), vi un anuncio que están necesitando ayuda (nombra la posición, si es que la conoces) ¿Me puede dar una solicitud de empleo? ó ¿puedo hablar con el encargado directamente?".

Siempre sonriendo y ofreciendo un saludo seco y firme, mientras los ves directamente a los ojos (pregunta a tus amigos que te digan honestamente si necesitas mejorar algo). ¿Todo estuvo bien? ¿Verdad que si? pues bien eso me alegra mucho ya que yo estoy completamente segura que tú lo puedes hacer. Ahora el siguiente paso es seguir practicando pero no con la misma persona, ya que eso te va a ayudar porque aparte de que tengas más opiniones vas a perder el miedo y no te vas a cohibir fácilmente.

Bien, muy bien, ahora te están dando una solicitud de empleo ¿Sabes como llenarla y cuáles son las preguntas que te van a hacer con referencia a tu solicitud una vez que la tengas en sus manos?
¡NO!, bueno NO TE PREOCUPES aquí esta un ejemplo de los datos básicos que debe contener una solicitud de empleo en general, independientemente de si la compañía manda a hacer sus solicitudes de empleo con su propio membrete (logo) ya que eso es muy usual en estos tiempos. Pero el contenido es el mismo, recuérdalo.

1.- La fecha (Importantísimo)

2.- Tu nombre y apellido completo (Completo)

3.- Tu dirección (Calle, número, colonia, ciudad o estado y código postal)

4.- Tu número de teléfono.

5.- Tu número de seguro social

6.- La posición que solicitas (Empacador, secretaria, contador, abogado, ayudante en general, etc.).

7.- Como fue que te enteraste de ese trabajo (El nombre de quien te refirió ya sea un amigo, un familiar, si viste un anuncio, si sólo pasabas por ahí o tal vez ya habías sido un empleado antes de esa misma empresa, etc.). Anótalo

8.-. ¿Que horario estas tu disponible para trabajar? Te van a poner varias opciones como: tiempo completo, medio tiempo, de día solamente, noches o a cualquier hora. Por favor si tienes verdaderas ganas de trabajar pon cualquier hora, ya que eso te va a dar más oportunidad.

9.- ¿Has trabajado en esta empresa antes? Por favor se honesto, todas las empresas mantienen el record de las personas que trabajaron con ellos.

10.- ¿Tienes familiares que trabajen en esta empresa? Si o No.
Una vez más se honesto, ya que debes de saber que en algunas compañías la política es no contratar familiares. Pero recuerda que la verdad siempre gana y tarde que temprano se enteran.

11.- Experiencia laboral: En esta sección se te dan unos cuadros en los que tendrás que anotar en forma de lista los lugares donde has trabajado empezando por el más reciente y los cuales contendrán los siguientes datos: nombre del lugar donde trabajaste, dirección, el puesto o la posición que desempeñaste, razón por la que te saliste o ya no deseaste trabajar más con ellos, la fecha que te contrataron y la fecha en la que dejaste de trabajar para ellos, y el sueldo con el que empezaste y el sueldo con el que terminaste.

12.- Tal vez te pregunten que has hecho en los pasados cinco años en caso de que hayas estado desempleado por largo tiempo.

13.- Educación: Aquí te tienes que preparar con toda tu información escolar desde tu primaria, secundaria, preparatoria, universidad o en caso de tener algún entrenamiento especial también nombrarlo. En esta sección vas a anotar el nombre de la escuela o institución, la ciudad o el estado donde esta ubicada esa escuela o esa institución, y circular o poner el número de años que hayas asistido a esa escuela así como anotar si la completaste o recibiste algún certificado que te ampare. No omitas información.

14.- Referencias personales: Aquí te van a pedir el nombre de tres personas que no sean familiares y que en caso de llamarles puedan proveer información profesional acerca de ti y de tu trabajo. Por eso tienes que prepararte desde antes con el nombre de esas tres personas, numero de teléfono, dirección, y saber exactamente cuanto años tienes de conocerlos.

15.- ¿ Tienes antecedentes criminales? Si o No. La honestidad siempre es recompensada, ya que en caso de haber cometido un crimen eso no te descalificaría necesariamente para un trabajo.

16.- En la última parte de la solicitud encontrarás un texto donde certificas que toda la información es verídica y correcta y donde entiendes que cualquier falsedad puede tener repercusiones legales y hasta el despido. Finalizando con tu firma y la fecha nuevamente.

¡Ya viste que no es tan difícil! Lo único que tienes que hacer es preparar tu información desde tu casa para no estarte tronando los dedos a la mera hora.

MENSAJES OCULTOS DURANTE LA ENTREVISTA

No te asustes no es nada cabalístico, obscuro ó mágico ya que son simplemente estrategias a base de preguntas que los empleadores usan para explorar más a fondo futuras reacciones de la persona que piensan contratar. Por ejemplo:

"¡*Wow* te ves muy joven! ¿Tienes niños?"

"¿Cuáles son tus pasatiempos?"

"¿Qué carro manejas? ¿Cuánto tiempo haces de tu casa aquí?"

"¿Este número de teléfono es de tu casa ó de un amigo?"

"¿Te puedes concentrar en trabajos donde hay mucho ruido o prefieres los lugares donde tengas que trabajar solo?"

"¿Cuáles son tus bebidas favoritas?"

"¿Viste el partido del domingo?"

"¿Cómo te proyectas de aquí a dos años?"

Estas son preguntas que no hacen directamente, sino entre un diálogo previo donde te hacen sentir en confianza de manera que cuando ellos las hacen tú las contestas honesta y libremente dejando saber realmente quien eres. Por ejemplo, ahí van saber:

1.- En el caso de las mujeres por ejemplo, si tienen niños, cuántos tienen, con quién los dejan. Parece una pregunta inocente pero ellos pueden ver ahí a alguien que les puede fallar por ejemplo: llegar tarde o no llegar ya que tienen obligaciones extra. Que tal si un niño se le enferma ó no tiene con quien dejarlo, ó hay que ir a la escuela, etc.

2.- Si eres una persona ociosa o activa.

3.- Quieren saber si regularmente vas a estar a tiempo en tu trabajo.

4.- Quieren saber si eres fácil de localizar en caso de necesitarte.

5.- Quieren saber tu sentido de sociabilidad y adaptación en grupo.

6.- Quieren saber si tienes algún tipo de adicción que pudiera interferir negativamente en el desarrollo de tu trabajo.

7.- Quieren conocer tu visión a futuro (Si eres estático, si tienes metas o hacia donde quieres ir).

Por eso ESCUCHA y escucha bien, y PIENSA, piensa bien antes de hablar. Ya que como dicen por ahí "todo lo que digas puede ser usado en tu contra" y que mejor que en lugar de que sea en tu contra sea a tu favor. Por eso siempre se positivo y trata de decir lo que ellos quieren escuchar.

"QUIERETE"
Porque tú lo vales

▼

Tú eres lo más grande que Dios ha creado en esta tierra y no te mando aquí solo por el gusto de hacerlo ya que él ha depositado en ti la semilla de la esperanza y de los sueños, pero depende de ti el caminar hacia esos sueños y no perder la esperanza en el camino y para eso debes de cuidarte y quererte a ti mismo. ¿Qué significa eso? eso significa cuidarte, cuidar tanto tu interior como tu exterior.

¿Cómo cuidar mi interior?
1.- Ten fe
2.- Mostrando amor para ti mismo y para los demás.
3.- Mostrando respeto hacía tu persona y hacía los demás.
4.- Cultivando tu intelecto periódicamente (mantente informado, lee, intégrate socialmente)
5.-Nunca menosprecies a nadie.

¿Cómo cuidar mi exterior?

1.- Ve al gimnasio, has una rutina de deporte en tu casa.

2.- Elige un estilo de vestir que se apegue a tus gustos y que a la vez te proyecte Profesionalmente.

3.-Toma vitaminas (te harán lucir saludable y con energía)

4.- Siempre lleva contigo instrumentos de emergencia (Un chicle o una menta, un espejo, un peine, un lápiz de labios, una tinta o trapito para los zapatos).

COMO BUSCAR UN ANUNCIO EN EL PERIÓDICO

▼

El periódico al igual que las revistas publicitarias están divididas por secciones donde vas encontrar temas de interés como sociales, culturales y deportivos, así como también EL CLASIFICADO. El clasificado es la sección donde vas a encontrar todo tipo de publicidad relacionada con compra y venta de cosas desde libros, autos, casas, muebles etc. y donde a la vez vas a encontrar una sección donde dice EMPLEOS, que es la sección en la que nos vamos a enfocar en este momento.

Cuando llegues a EMPLEOS, vas a encontrar que también están divididos en secciones como por ejemplo:

Empleo de bodegas: donde pueden necesitar hombres o mujeres para operar montacargas.
Empleos de barbero donde pueden necesitar de peluqueros ó cosmetólogas con experiencia.

Empleos de costura donde pueden necesitar costureras (os).

Empleo de meseros y cocineros

Empleos de servicios domésticos y de limpieza.

Empleos de telemercadeo

Empleos para actores y músicos.

Empleos para altos ejecutivos.

Trabajos independientes etc.

Estos son sólo unos ejemplos de las ofertas de trabajo que TU puedes encontrar en la sección de empleos y sólo depende de TI saber cual es la sección que te interesa y en la que te sientes capaz de desarrollar ampliamente tu trabajo. ¿Ya lo hiciste? ¡Bravo! Aunque con esto solamente hemos ganado parte de la batalla. Tal vez te preguntes que ¿Qué es lo que quiero decir con sólo parte de la batalla? Pues bien, quiero decir que ahora nos falta identificar el anuncio apropiado. ¡Si oíste bien EL ANUNCIO APROPIADO!

¿QUE ES UN ANUNCIO APROPIADO?

El anuncio apropiado yo lo defino como el anuncio certero y confiable el cual se distingue con el nombre del negocio, dirección y teléfono.

Tal vez en tu mente te estés preguntando ¿y eso que tiene que ver? Bueno, eso tiene que ver no mucho, sino TODO. ¿Por qué? porque si tu estas buscando trabajo es porque necesitas satisfacer ciertas necesidades entre las cuales la más importante es la MONETARIA (D I N E R O), y donde también el factor tiempo puede ser muy apremiante, por eso si te urge encontrar trabajo, vete sobre lo más seguro, no sobre lo que parece mas hermoso y muchas veces pierdes más tiempo y no es lo que tu estabas buscando.

AQUÍ TIENES UNOS EJEMPLOS:

1.-"$$$ se solicitan l0 personas $$$ que quieran hacer $5,000 en una semana trabajando desde su casa, llame inmediatamente información gratis al TEL (*******)".

2.-"Gana arriba de $1,500 por semana, nosotros entrenamos llama al TEL (*******)".

3.-"Aumenta tus ingresos e inicia tu propio negocio ahora y gana mucho dinero, llama ya
al TEL (*******) y sé parte de nuestro equipo".

4.- "Costura y oficina $ buen pago $, tiempo completo o medio tiempo, info (*******)".

5.-"¡Gana mucho dinero hoy mismo! y empieza tu propio negocio vendiendo (¿?) por (¿?) y recibe tu dinero hoy mismo, ¡llama ya!, TEL (*******)".

En el ejemplo número uno te describen el trabajo de tus sueños, trabajando desde tu casa, sin un horario de entrada o de salida, sin un jefe que te presione con el trabajo, etc. ¿Pero es realmente tan bueno como se escucha? La mayoría de las veces NO, porque cuando llamas por teléfono te contesta una máquina, dándote una serie de instrucciones entre las cuales es mandar cierta cantidad de dinero si es que quieres que te envíen la información completa, para que tal vez, si es que te interesa puedas obtener ese trabajo que te hizo pensar que era el adecuado para ti. Pero ahora mi pregunta es: ¿Ese anuncio ofrecía realmente un empleo? ó era la manera de conseguir dinero de la persona o personas que pusieron el anuncio? ¡PIENSALO!

Los ejemplos dos, tres, y cinco, tienen algo similar. En todos te mencionan la palabra: ¡$$$ GANA, GANA Y GANA $$$!, y ¿sabes qué? PROBABLEMENTE SI, pero nunca te dicen que a base de una inversión y si tu estás buscando trabajo tal vez es porque no tienes dinero para invertir. Por lo tanto TAL VEZ, este empleo tampoco es para ti.

En el ejemplo número cuatro podemos darnos cuenta que dice: "costura y oficina" es decir, nada que ver una cosa con otra, ahora dice:
"tiempo completo o medio tiempo". Es fácil darnos cuenta que este anuncio lo puso una AGENCIA DE EMPLEO, donde te van a servir de intermediarios y puede ser que tarden más tiempo en resolverte si tienes el trabajo o no, o tal vez puedan mandarte a diferentes lugares pero sin asegurarte que sin entrevista directamente, el trabajo va a ser tuyo. Además lo que no te dicen es que ellos no trabajan gratis. ¿Por qué? Porque ya sea que te cobren a ti por los gastos de representación y búsqueda o se lo cobren a la compañía que te contrate, los cuales a su vez te lo van a descontar a ti posteriormente.

Por eso "PONTE LISTO", y checa bien esos anuncios antes de gastar en transporte, comidas, llamadas y tiempo innecesario.

¿Cómo?, Una vez más:

1.- Nombre de la Compañía
2.- Teléfono
3.- Dirección
4.- Nombre del contacto (Seria genial)

AQUÍ TIENES ALGUNOS EJEMPLOS:

1.- Compañía (La*****) solicita empacadores para su nueva sucursal ubicada en (****)
Interesados llamar a Andrés al TEL (*******).
2.- La (**********) Restaurante solicita mesera con experiencia y buena presentación
 Llamar a María al TEL (*******)

En este ejemplo, si llamas y te contestan en el lugar que dice el anuncio, aunque no diga la dirección, tienes TÚ, la oportunidad de preguntar dónde queda, a qué hora abren y cierran el negocio, o hasta incluso te puedes dar una vuelta y pretender ser un cliente más y así checas:

1.- Si es un lugar con demanda,
2.- Qué clase de lugar es,
3.- Puedes ver como trabajan los demás, y así darte una idea de que es lo que ellos están buscando.

EL CELULAR

▼

El celular es una de las maravillas de la comunicación y nosotros tenemos la fortuna de contar en la actualidad con este pequeño teléfono inalámbrico con el cual se pueden poner en contacto con nosotros en cualquier momento y en cualquier circunstancia.

¿Dije, ponerse en contacto con nosotros? ¡Si! eso dije por lo tanto es una de nuestras mejores armas a la hora de buscar trabajo ¿Por qué? Porque de esa manera siempre vamos a estar disponibles a la hora en que nos llamen y para eso también tenemos que dar un paso adelante tal vez hayas escuchado la frase que dice "al hombre se le conocerá por sus obras", pues bien en este caso también a ti te conocerán por tu celular, y no estoy hablando del tipo o costo del mismo, sino del contenido. Al momento que un empleador te llama porque fuiste seleccionado para una segunda entrevista y al momento de esperar que contestes se encuentra con:

1.- Una canción
2.- Un chiste
3.- Sonidos graciosos
4.- Sonidos de armas de fuego
5.- Respuestas, como pretendiendo que ya estas contestando, pero no es más que una grabación.

Sé cuidadoso en la manera que programas tu teléfono, ya que esa va a ser una carta de presentación más para ti.

1.- Siempre utiliza tonos telefónicos tradicionales es lo mejor
2.- Graba un breve mensaje en el que incluyas:
"¡Hola estás llamando a Adriana! por el momento no te puedo atender por favor deja tu nombre, tu teléfono, un breve mensaje y yo te devolveré la llamada tan pronto, como me sea posible ¡Gracias!"

Nota: El celular es la mejor conexión entre tu y tu empleador, por lo tanto úsalo no sólo para que se comuniquen contigo ya que si tu vez que ha pasado un tiempo razonable y NO TE LLAMAN no te quedes esperando, LLAMALOS TU, que vean que es a ti al que le interesa, que vean que tienes iniciativa, y no importa cuantas veces les tengas que llamar. RECUERDA que si de verdad necesitas un trabajo, necesitas también moverte rápido y no vivir esperanzado al clásico "luego le llamamos" porque te puedes quedar sentado y nunca te van a llamar.

Noticia De Última Hora

"¡¡¡ YA TIENES UN TRABAJO!!!!"

¿Qué cuál es?, Bueno, precisamente ese, el de salir a buscar trabajo, ponte de meta tus ocho horas diarias que permanecerías en un trabajo y utilízalas para no regresar a tu casa hasta no poner lo mejor de ti en encontrar ese trabajo que necesitas.

"¡BUENA SUERTE!"

Octavia Sotelo

Nació en el Estado de México, desde pequeña miro la vida de una manera diferente al mostrar ser, un torbellino de energía, ideas y actitud, que demostró por ejemplo al vender dulces entre sus compañeros a la edad de ocho años. Actividad que disfruto tanto, que después de esa etapa, siguió preparándose en el área de Administración de Empresas donde siempre estuvo relacionada con lo que son Ventas, Hospitalidad y servicio al Cliente, y Recursos Humanos entre otros. Toda su experiencia e inspiración se ve reflejada en su libro titulado, Tabita "El diario de una taza de café", Y en su mas reciente libro, Consejos Prácticos Para Una Exitosa Entrevista de Trabajo "Lo que los Empleadores No te Dicen", Con un estilo singular Octavia Sotelo, Quiere marcar una diferencia, que motive a otros a compartir su experiencia laboral de una manera sencilla y con puntos claves y directos que ayuden e inspiren a seguir adelante a nuestros jóvenes, que serán los lideres del mañana. Octavia Sotelo reside actualmente en Los Ángeles California.